孟子与性善论

◎◎ 主编 金开诚

◎◎ 编著 赵东梅

吉林出版集团有限责任公司

吉林文史出版社

图书在版编目（CIP）数据

孟子与性善论／赵东梅编著．一长春：吉林出版
集团有限责任公司：吉林文史出版社，2010.11（2022.1 重印）
ISBN 978-7-5463-4138-5

Ⅰ．①孟… Ⅱ．①赵… Ⅲ．①孟子－研究 Ⅳ．
① B222.55

中国版本图书馆 CIP 数据核字（2010）第 222322 号

孟子与性善论

MENGZI YUXING SHANLUN

主编／金开诚 编著／赵东梅
项目负责／崔博华 责任编辑／崔博华 高原媛
责任校对／高原媛 装帧设计／李岩冰 董晓丽
出版发行／吉林文史出版社 吉林出版集团有限责任公司
地址／长春市人民大街4646号 邮编／130021
电话／0431-86037503 传真／0431-86037589
印刷／三河市金兆印刷装订有限公司
版次／2010 年 11 月第 1 版 2022 年 1 月第 6 次印刷
开本／650mm×960mm 1/16
印张／9 字数／30千
书号／ ISBN 978-7-5463-4138-5
定价／34.80元

前 言

　　文化是一种社会现象，是人类物质文明和精神文明有机融合的产物；同时又是一种历史现象，是社会的历史沉积。当今世界，随着经济全球化进程的加快，人们也越来越重视本民族的文化。我们只有加强对本民族文化的继承和创新，才能更好地弘扬民族精神，增强民族凝聚力。历史经验告诉我们，任何一个民族要想屹立于世界民族之林，必须具有自尊、自信、自强的民族意识。文化是维系一个民族生存和发展的强大动力。一个民族的存在依赖文化，文化的解体就是一个民族的消亡。

　　随着我国综合国力的日益强大，广大民众对重塑民族自尊心和自豪感的愿望日益迫切。作为民族大家庭中的一员，将源远流长、博大精深的中国文化继承并传播给广大群众，特别是青年一代，是我们出版人义不容辞的责任。

　　本套丛书是由吉林文史出版社和吉林出版集团有限责任公司组织国内知名专家学者编写的一套旨在传播中华五千年优秀传统文化，提高全民文化修养的大型知识读本。该书在深入挖掘和整理中华优秀传统文化成果的同时，结合社会发展，注入了时代精神。书中优美生动的文字、简明通俗的语言、图文并茂的形式，把中国文化中的物态文化、制度文化、行为文化、精神文化等知识要点全面展示给读者。点点滴滴的文化知识仿佛颗颗繁星，组成了灿烂辉煌的中国文化的天穹。

　　希望本书能为弘扬中华五千年优秀传统文化、增强各民族团结、构建社会主义和谐社会尽一份绵薄之力，也坚信我们的中华民族一定能够早日实现伟大复兴！

目录

一、生逢乱世　孟母教子

孟子（约公元前372—公元前289年），战国时期伟大的思想家，儒家学派的主要代表之一。名轲，邹（今山东邹城市）人。约生于周烈王四年，约卒于周赧王二十六年。孟子生活的战国中期较孔子生活的春秋末期，社会更加动荡不安。同时，思想也更加活跃，此时正当"百家争鸣"的繁荣时期。所以，孟子一方面继承了孔子的政治思想和教育思想等，另一方面又有所发展,形成了自己的政治思想和学术理论。同时,在与墨家、道家、法家等学派的激烈交锋中,孟子维护了儒家学派的理论,也确立了自己在儒学中的重要地位,成为仅次于孔子的大儒。随着儒家地位的不断提高,孔子被尊为"圣人",孟子也被称为"亚圣"。

历史上,对孟子"性善论"的观点基于不同的角度作出了不同的评价。但不管是何种评价之语,都对孟子的性善思想惊叹不已,所以称其为"亚圣"毫不为过。从某种角度上说,孟子为中华民族优秀道德品质的形成以及整个民族精神文化的构建奠定了坚实的思想基础。下面就让我们仔细回顾一下孟子不平凡的一生以及他性善的学术思想,相信你也会从中得到深刻的启发,在以后的为人处世中有更好的衡量标准。

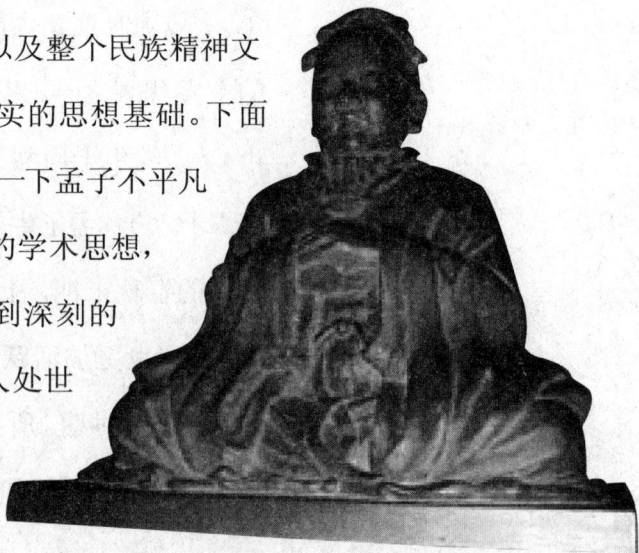

　　孟子出生距孔子离世（公元前479年）大约百年左右。他的一生，正处于群雄割据、诸侯争霸的战国中后期，适逢乱世，备经坎坷，实为不易。相传孟子是鲁国贵族孟孙氏的后裔。孟子幼年丧父，平民之家，孤儿寡母，十分贫困。在这样的乱世环境里，如何教育好自己的孩子，便成为摆在孟母眼前的一个难题。孟母的教子事迹在以下几个故事中得以体现，从

而使孟母的光辉形象跃然纸上，成为后世父母教育子女的楷模。

第一则是关于"孟母三迁"的故事。早年，孟子一家居住在城北的乡下，他家附近有一块墓地。墓地里，送葬的人忙忙碌碌，每天都有人在这里挖坑掘土。死者的亲人披麻戴孝，哭哭啼啼，吹鼓手吹吹打打，颇为热闹。年幼的孟子，模仿能力很强，对这些事情感到很新奇，他看到这些情景，也学着他们的样子，一会儿假装孝子贤孙，哭哭啼啼；一会儿装着吹鼓手的样子。他和邻居的孩子玩耍时，也模仿出殡、送葬时的情景，拿着小铁锹挖土刨坑。

孟母一心想让孟子成为一个有学问的人，当他看到儿子的这些怪模样时，心里很不好受。她感到这个环境实在不利于孩子成长，认为"此非所以居吾子也"，于是决定搬家。不久，孟母把家搬到城里。战国初期，商业已经相当发达，在一些较大的城市里，既有坐商的店铺，也有远来城市里做生意的行商。孟子居住的那条街十分热闹，有卖杂货的，有做陶器的，还有榨油的油坊。孟子家的西邻是打铁的，东邻是杀猪的。闹市上人来人往，喧闹非凡。行商坐贾，高声叫卖，十分热闹。孟子天天在集市

上闲逛，对商人的叫卖声很感兴趣，每天他都学着商人们的样子喊叫喧嚷，学做买卖。

　　孟母觉得家居闹市对孩子更没有好的影响，于是又一次搬家。这次搬到城东的学宫对面。学宫是国家兴办的教育机构，聚集着许多既有学问又懂礼仪的读书人。学宫里书声琅琅，这可把孟子吸引

住了。他时常跑到学宫门前张望，有时还看到老师带领学生演习周礼。周礼，就是周朝的一套祭祀、朝拜、来往的礼节仪式。在这种气氛的熏陶下，孟子也和邻居的孩子们做着演习周礼的游戏。"设俎豆，揖让进退"。不久，孟子就进了这所学宫学习礼、乐、射、御、书、数六艺。孟母见孟子这样非常高兴，就安居下来了。

　　孤儿寡母，搬一次家绝非易事，而孟母为了儿子的成长，竟然接连三次搬迁，可见孟母深知客观环境对于儿童成长的重要性。常言说："近朱者赤，近墨者黑。"这一点在少年儿童身上体现得更为明显。因此，创造良好的客观环境，虽然不是一个人成才的唯一条件，但也是其中必不可少的条件之一。孟子后来既没有选择墨学、道学这些显赫一时的学说，也没有像苏秦等纵横家那样，只从个人的权利思想出发，图得个人平生的快意，而是选择儒家学说作为他毕生奋斗的事业。终于成为一位在现实人生中，不为一己之身而谋、舍生取义，只为忧世忧人而谋国、谋天下的"圣人"，这与孟母早期的影响是分不开的。

第二则是关于"买肉啖子"的故事。孟子小时候，有一次，看见邻居家磨刀霍霍，正准备杀猪。孟子见了很好奇，就跑去问母亲："邻居在干什么？""在杀猪。""杀猪干什么？"孟母听了，笑了笑，

随口说道："是给你吃啊。"刚说完这句话，孟母就后悔了，心想邻居不是为了孩子而杀猪，我却这样欺骗他。这不是在教他说谎吗？为了弥补这个过失，孟母真的买来了邻居家的猪肉给孟子吃。

孟母不仅重视客观环境对少年孟子的影响，而且十分注重言传身教，以自己的一言一行、一举一动来启发教育孟子。"买肉啖子"的故事，讲的就是孟母如何以自己的言行对孟子施以诚实不欺的品德教育的故事。

第三则是"断机教子"的故事。讲的

是孟母鼓励孟子读书不要半途而废。孟子少年读书时，开始也很不用功。有一次，孟子放学回家，孟母正坐在机前织布，她问儿子："《论语》的《学而》篇会背诵了吗？"孟子回答说："会背诵了。"孟母高兴地说："你背给我听听。"可是孟子总是翻来覆去地背诵这么一句话："子曰：'学而时习之，不亦说乎？'"孟母听了又生气又伤心，举起一把刀，"嘶"地一声，一下就把刚刚织好的布割断了，麻线纷纷落在地上。孟子看到母亲把辛辛苦苦织好的布割断了，心里既害怕又不明白其中的原因，忙问母亲出了什么事。

孟母教训儿子说："学习就像织布一样，你不专心读书，就像断了的麻布，布断了再也接不起来。学习如果不时时努力，就永远学不到本领。"说到伤心处，孟母伤心地哭了起来。孟子很受触动，从此以后，他牢牢地记住母亲的话，起早贪黑，刻苦读书。

孟母施教的种种做法，对孟子的成长及其思想的发展影响极大。良好的环境使孟子很早就受到礼仪风习的熏陶，并养成了诚实不欺的品德和坚韧刻苦的求学精神，也为他以后致力于儒家思想的研究和发展打下了坚实而稳固的基础。

二、胸怀大志　拜师求学

　　孟子在15岁以前，深受母亲的教诲，学业也打下了很好的基础。"十五志于学"，开始了他拜师求学的生涯。那么像孟子这样一位旷世大儒，他的老师究竟为谁呢？千百年来，人们一直在寻找，但都不得而知。

　　唯一可以肯定的是，孟子师承于子思。《史记·孟子荀卿列传》称："受业于子思之门人。"子思为何人？《史记·孔

子世家》载："孔子生鲤，字伯鱼。伯鱼年五十，先孔子死。伯鱼生伋，字子思，年六十二。尝困于宋。子思作《中庸》。"原来，子思不是别人，是孔子之孙，是战国时著名的大儒。

我们姑且也做一次推算，做一道十分简单的算术题，一算便知了。众所周知，孔子死于公元前479年，孔子的儿子伯鱼比孔子早死三年，即公元前482年。假如子思为遗腹子，他的出生年也不会晚于其父伯鱼死亡的时间即公元前482年。由伯鱼去世的年限下推六十二年，即为子思在世之年，最晚也要到公元前420年。而这一年，离孟子出生尚有五十多年。子思如何会成为孟子的老师呢？

所以，司马迁说的应该是对的。"子思之门人"，的确不是子思本人，那么这个人究竟是谁呢？

"予未得为孔子徒也，予所淑诸人也。"孟子本人如是说，他没有直接成为孔子的学生，他是私下里向人学习的。但是，无论孟子师从何人，我们都不难想象，他们都会被孟子的求学热诚所打动。关于孟子拜师的事迹中，有一则非常有意思的故事。

山东曲阜城内，一位年轻的乞丐正缓步行走在街道上。他身材高大，眉清

目秀，身上衣服虽破，但显得异常整洁。虽说是一副乞丐打扮，但仍然气宇轩昂。

只见他在街头拦住一人问道："这曲阜城里，是不是有个驼背的老人。他的脊背像小丘似的隆起，眼睛只能看到地面？"但问了很多人之后，也没有找到这个老人。

年轻的乞丐显得很失望，依旧沿街乞讨，东门进、西门出地晃悠了许久。直到半个曲阜城都问遍了，还是没找到那个老人。

这个乞丐就是孟轲。这时候他还是个少年，对儒学非常感兴趣，准备找个师父学习。当时，孔子死后，继承儒家学说的是他的弟子曾子。只可惜孟轲到曲阜的时候，曾子和他的弟子子思早已作古，连子思的儿子子业都已经死了。孟轲只好寄希望于拜子思的门人为师。

主意已定，孟轲便开始与一批自称是子思门人的青年交往，彼此切磋学问，研习儒道。但这些"子思的门人"并没有体会到儒学的精义，就连学问和孟轲相比也只是伯仲之间。孟轲觉得非常苦闷，他是来拜师学艺的，可不是过来交朋友切磋学问的。

有人看到孟轲闷闷不乐的样子，便问他："你有什么烦恼的事情？"孟轲说："我本来想拜子思先生的弟子当老师学习儒学。可到现在，真正有本事的人没有出现啊。"

听完孟轲的话，那人抚掌笑道："原来是要拜师啊，我倒是知道一个人，他肯定符合你的要求。只是不知道他是否还活在这个世上。"原来，当年子思门下有

一位学生，名字叫司徒牛。他过目成诵，
闻一知十，最能领会老师的意思。

这个司徒牛不仅聪明，品德还十分高
洁。当时人们都说，他会是下一个圣人。
然而，一场突如其来的重病摧残了他的身
体。原本英俊的青年变得佝偻。为了不被
人嘲笑，病好后他就消失了。

"他消失也有些年头了，我也不知道
他是否还活在世上。不过前阵子，有人
好像在城外见过他，你可以试着找找。"
听完这番话后，孟轲大喜。为了寻访司徒
牛，他特地打扮成一个乞丐，走遍大街小
巷。就这样足足找了一个月，也没看到那

个驼背老人的影子。

朋友对孟轲说："你还是别找了吧，也许司徒牛早就死了。"可孟轲的倔劲上来了，他说："前些时候还有人见过司徒先生，说明他肯定还在曲阜。像他那样高洁的人，即便因病隐退，也不会离自己的老师太远。"既然城里找不到，那我就去城外找。孟轲的性子一贯如此，下定了决心就不再回头。他四处寻找，足迹遍布城内城外。

这天，正是盛夏，天气酷热难耐。孟轲从一个村子寻访出来，被太阳晒得一身是汗。正好路边有个柳树林，林深树密，枝叶繁茂。偶尔有几丝风吹过，带来一点凉意。孟轲走得累了，看到这片树林很是

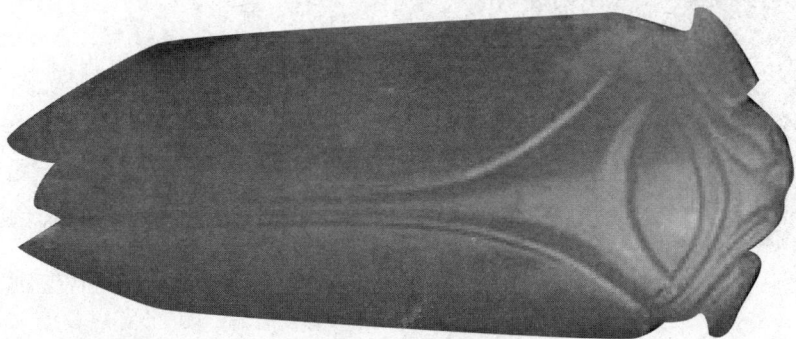

高兴。于是就找了片干净的草地坐下，靠在树干上闭眼休息。整个树林安安静静的，偶尔有几声蝉鸣，也不觉得吵闹。正在孟轲休息的时候，突然一阵小曲儿把他从睡梦中惊醒。当他睁开眼睛的时候，看到一位驼背老人一手持竹竿，一手提口袋，边走边用竹竿去黏在枝头鸣叫的蝉儿。他的动作非常娴熟，竹竿到处，蝉无一能逃，就像在地上拾垃圾一样容易。

孟轲眼前一亮，想到了孔子。

当年孔子也遇见过一个这样捕蝉的老人。孔子还问过那个老人为什么能捕得如此轻易？之后还从中悟出了一个道理：熟能生巧。只要专心，就能有所成就。

而现在，同样是驼背老人，做着圣人夸奖过的事情。那么这个人会不会是司徒牛呢？孟轲

心里有点狐疑。这时，驼背老人也发现了孟轲，他微笑着打量着眼前这个青年。"小伙子，大热天的出来干什么呢？"老人的声音不疾不徐，显得非常温和。说话间，他的手也没停，仍然继续黏着蝉。孟轲恭敬地行了一个礼，说道："我是出来寻找师傅的，请问老先生知道一位叫司徒牛的人吗？"说话间，他密切注意着驼背老人的表情，果然，听到司徒牛三个字，老人眼里闪过一丝莫名的情绪。

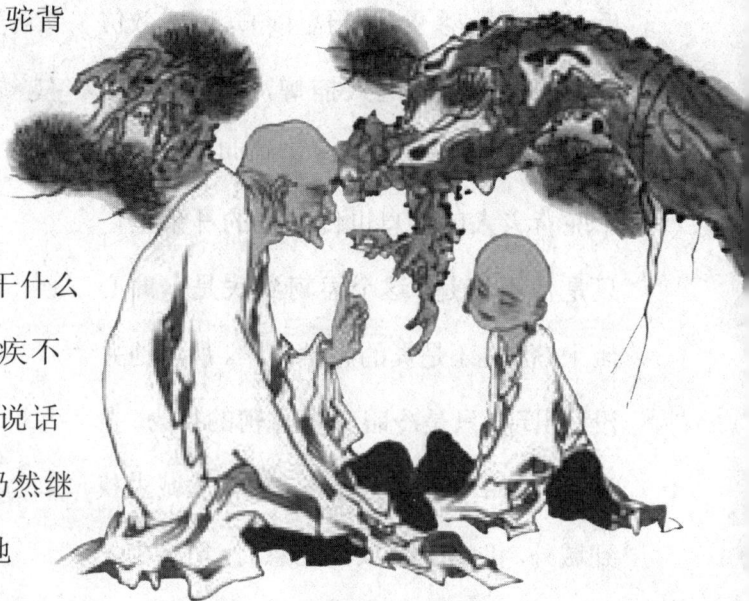

"司徒牛啊……我可不认得这个人。"说着，老人抬腿就要离开。见到这个情形，孟轲迈步向前，行了个大礼，真诚地说道："老先生，弟子孟轲有礼了。"说着，便跪在了地上。

那个老人确实是司徒牛，自从驼背以

后，便隐居在乡里。平日里读书，闲时效仿孔子书里的驼背老人捕蝉，几十年来也练就了一身好手艺。这次孟轲四处寻访一个驼背老人的消息也传到他的耳朵里，只是他不清楚，这个孟轲到底是一时心血来潮呢，还是真的想学儒学。所以他并没有出现，只是冷眼旁观孟轲的行为。直到孟轲找了一个多月还没灰心，从城里找到城外，仍然毫无放弃之意时，司徒牛才

相信，他真的有拜师之心。如今见孟轲恭敬地拜倒在面前，司徒牛赶忙伸手扶起他，说道："也罢，我就是司徒牛，看在你这番诚心的分上，就收了你这徒弟吧。"

听到这番话，孟轲非常高兴，但还是遵照礼数，再拜而起，然后从篮子里拿出早就准备好的从师之礼，一只活着的大雁，然后脱去褴褛的外衣，双手托着贽敬重新跪在司徒先生膝下，行拜师入门之礼。

曲阜城外有片深深的山坳，在郁郁葱葱的树林之间，有几间茅草屋，司徒牛便隐居在这里。他不仅种了点瓜果蔬菜，还养了一些鸡鸭鹅。田园生活虽然清贫，但也恬淡自在。孟轲便在草屋里住了下来，专心读书。在授学之前，司徒牛严肃地对他说："你拜我为师的消息，不得外泄。如果有一个人知道这件事，那么你就不是我的徒弟了。"虽然不明白这是为什么，但孟轲还是点头答应了这个条件。司徒牛教导孟轲，和学宫里的老师不一样。他并不是一味地灌输自己的想法，而是定期开列一些书目，让孟轲去城里借来阅读，然后他再稍加点拨。孟轲有读不懂、领会不到位的地方，师生便一起探讨研究。

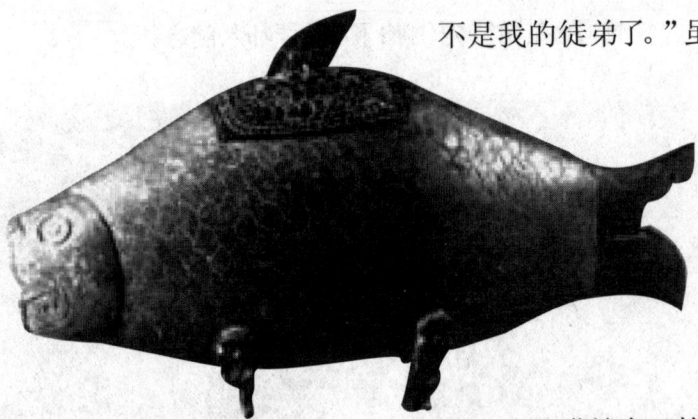

这种教学方法，让孟轲更深刻地体会到了儒家学说的精妙之处。他在草棚

茅舍整整攻读了三年。这一千多天，孟轲几乎没睡过一个好觉，他总是手拿着一卷书，读累了就伏案而眠。夏日酷热，他顾不得摇扇驱蚊蝇；冬季严寒，他顾不得生火取暖。常言道，"好过三伏，难熬数九"。每当数九寒天，孟轲冻得十指皲裂，血迹殷殷，常把书简染得斑斑点点，要是不用清水擦拭还真无法归还……

在这三年里，孟轲打下了坚实的基础。有一天，司徒牛对孟轲说："你到我这里学习，已有三年了。这些日子里，我看到你读书勤奋刻苦的样子，觉得非常欣慰。如今你该读的书已经读完了，我能教给你的也教完了。如果再留在这个茅草屋里，对你来说也没什么意义了。"司徒牛拍着孟轲的肩膀，像朋友一样，絮絮地说着："读书的目的在于齐家、治国、平天下。所以你不能终身读书，该出去

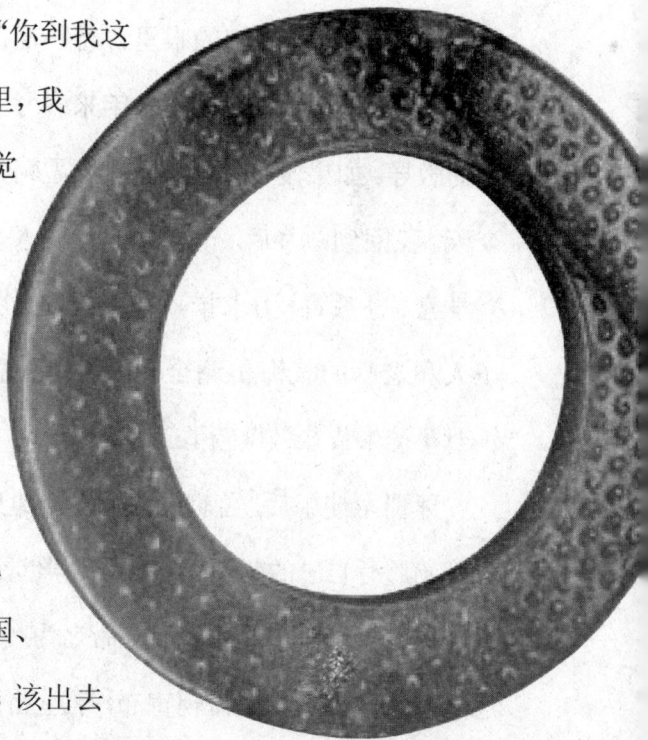

一展雄才了。"

听着司徒牛的教诲，望着他清瘦的脸和慈爱的目光，孟轲的眼里含着热泪，不由低头拜道："老师，这三年来多亏了您的教导。如果没有您，也没有我孟轲的今天。我回到故乡后，一定效法孔圣人，兴学宫、办教育。力求推广儒学之道，将圣人和老师的教诲传遍全国。"说完，孟轲对司徒牛恭恭敬敬磕了三个头。

拜别司徒牛后，孟轲回到城里。他果然开始履行自己的想法，准备兴办学堂。一年多之后，学堂终于落成，命名为"子思书院"。与此同时，孟轲宣布，学堂将面

向天下招生，招收的学生没有贫富贵贱之
分，来者不拒，人人皆有受教育的机会。
但不招未受启蒙教育的孩童，而是招收
具有一定基础的青年。

孟轲一边在子思书院传授学业，一边
在社会上答疑解惑，与人们交流，而且知
无不言，言无不尽，受到人们的欢迎。

从这则故事中可以看出，孟子年轻时
期对儒家学说的孜孜以求，以继承和发
扬儒学作为对其老师的最好回报。

三、初出茅庐 周游列国

儒家从来都是以入世、修身为目的，并不仅仅是为了追求个人道德的高尚，而是为了齐家、治国、平天下。

孟子和孔子一样，一生中也周游列国，希望各诸侯国能实行仁政，但此时正是群雄割据的年代，"天下方务于合从连衡，以攻伐为贤，而孟轲乃述唐、虞、三代之德，是以所如者不合"。（《史记·孟子荀卿列传》）

明知如此，孟子仍以天下为己任，在40岁左右的时候，他仿效孔子周游列国，开始推行他的"仁政"主张。

据说，孟子44岁的时候怀抱着自己的政治理想带领弟子周游列国，他游历了宋、滕、魏、齐、梁诸国。在齐国的稷下学宫任教期间，被尊为卿，得享相当于上大夫的俸禄，作为儒学大师，孟子有时"后车数十乘，从者数百人"，往来于诸侯之间，其车乘之多，随从之众，已大大超过当年孔子周游列国时的规模。

虽然孟子得到各国君主的礼遇，但其主张终不为当权者所用。

孟子周游列国，原本是想以他的学问、德行与才干，得到国君的赏识，进而为百姓服务。可惜当时的国君要的只是富国强兵，对孟子的仁政理想既没有太大的兴趣，也不想真正去实践。

孟子曾经说过这样的话："尊德乐

义，则可以嚣嚣矣，故士穷不失义，达不

离道。穷不失义，故士得己焉；达不离

道，故民不失望焉。古之人，得志，泽加于

民；不得志，修身见于世。穷则独善其身，

达则兼善天下。"（《孟子•尽心上》）

既然如此，孟子不是生不逢时、有

志难伸，既委屈又无奈吗？实际上，他照

样保持着悠然自得的态度。他的观点

是："崇尚品德、爱好义行，就可以

悠然自得了。所以，士人穷困时不

放弃义行，便能保住自己的操

守；显达时不背离正道，所

以百姓不会失望。古代的

人，得志时，恩泽广施百姓；不得

志时，修养自己立身于世。不

得志时独善其身，显达时兼

善天下。

　　这些话可谓掷地有声，把知识分子的抱负与风骨，完全彰显出来。他的"独善其身"，并不是与世隔绝，而是努力做好修身的工作，尽好人伦的责任，包括"敦亲睦邻"与"守望相助"等。至于"兼善天下"，则是依据自己的角色与职责，为百姓谋福祉，而其目的是"善"，就是与众人一起走在人生的正途上。若想将来"兼善天下"，现在就要努力"独善其身"，使自己趋于完美。看到这里，我们可以说对孟子的人格品行深深叹服。

四、授于故里 著书立说

　　孟子与孔子一样，一生热爱教育事业。他以"得天下英才而教育之"为人生最大的快乐。

　　他在40岁出仕以前和晚年70岁左右返回故里以后，都曾授徒讲学达十多年。

　　孟子总结了许多行之有效的教学方法，向学生传授修身养性、做人处事的道理，深受学生的尊敬和喜爱。

　　在他的学生中,有名的学生有乐正子、公孙丑、万章、孟仲子、陈代等,他们不仅是孟子学说的拥护者,而且还一直追随孟子周游列国,为推行孟子的学说不遗余力,成为孟子学说现实中的推行者和继承者。即使到了晚年,这些学生也不离孟子左右,为著《孟子》一书而尽心尽力,建立了很深的师生友情。

　　孟子晚年,一边继续授徒讲学,一边开始著书立说。孟子和他的弟子们做《孟子》七篇,对后世产生很大影响。

　　《孟子》一书,着力阐述了孟子的

"性善论"观点和"仁政"、"王道"理论，思想极为深刻，言辞极为精辟，且行文大气磅礴、气势如虹，通篇贯穿着一股浩然正气。它是孟子思想的集大成之作。

孟子与其门徒编著的这部书，在列入经典之后，对中国人的思想、心态和精神，都产生了极其深远的影响。下面就以孟子提出的"性善论"为核心内容，进行深入的阐述，相信广大读者一定会从中汲取营养，吸收其中丰富的理论精华。

五、众说纷纭　人本性善

先秦时期，对于人性的本质存在着诸种学说。远古时代，至高无上的天神思想占据着意识形态的统治地位。但到了西周末年，随着周王朝的统治日益衰微，象征天神主宰人世的周天子的地位不断下降。冥冥中天神对社会的动荡不安已无能为力，于是人们逐渐失去了往日对天神的虔诚，开始把关注的重点转移到人本身。随着社会政治、经济的发展，到了

春秋战国时代，终于形成了人性问题讨论的高潮。

春秋战国时期的思想家们，以各自的政治主张为基点，围绕着人性的本质、人性的生成以及人性的发展等一系列问题，提出了不同的观点。最先用较为抽象和概括的语言解释人性的是孔子。他说："性相近也，习相远也。"（《论语·阳货》）这八个字，既肯定了人的社会存在，又指出了人性的差异是由后天的习染、习俗、习惯等因素的不同造成的。这个观点反应了人类自我意识的发展，是对人类认识史的伟大贡献。但孔子没有对"性相近，习相远"的命题展开论证，也没有进一步探讨人性的本质问题。孔子之后，人性问题的讨论则大大深化了。

先秦诸子的人性论有一个显著的特点，即以善恶来判定人性的本质，或曰性善，或曰性恶，或曰性无善无不善，或曰性有善有恶，总之是围绕善和恶作人性的文章。这是因为诸子论人性并不纯粹是学术研究，而是为各自的政治学说、道德学说寻找来自人性的理论根据，也就是说诸子关于人性的种种观点，都是为其政治目的服务的。社会政治是以人的活动为基础的，社会的伦理道德也是建立在人际关系之上的。因此，思想家们为了推行他们的政治主张，不得不从理论上探讨人性的本质问题，企图通过这种探讨把本阶级、本

阶层的道德意识规定为共同的人性，并以之为标准来衡量社会政治和人的活动的是非善恶。

孔孟之外，先秦较为重要的人性论观点有如下几种：

性有善有恶论。这是周人世硕的观点。王充《论衡·本性》篇说："周人世硕，以为人性有善有恶。举人之善性，养而致之则善长；性恶，养而致之则恶长。

如此，则性各有阴阳善恶，在所养焉。故世子作《养书》一篇。宓子贱、漆雕开、公孙尼子之徒，亦论情性，与世子相出入，皆言性有善有恶。"这种观点认为，人性中先天地存在着善和恶两种因素；善的因素得到培养，人性就表现为善；恶的因素得到培养，人性就表现为恶。

告子的性无善无不善论。告子是与孟子同时的思想家，曾就人性问题与孟子展开激烈的辩论。告子认为，人性本无所谓善，也无所谓不善："性犹湍水也，决诸东方则东流，决诸西方则西流。人性之无分于善不善也，犹水之无分于东西也。"（《告子上》）人性就像湍急的流水一样，西方决口就向西流，东方决口就向东流，无从分别善与不善。他还认为，人性中的善不是先天就有的，而是经过后天的培养才形成的。他比喻说："性，犹杞柳也；义，犹桮桊也；

以人性为仁义，犹以杞柳为桮棬。"（《告子上》）这种观点是唯物主义的因素，应该加以肯定。但告子又说，"生之谓性"，"食色，性也"（《告子上》），认为人生来就有饮食男女等生理欲望，这才是人性的本质。这是把人的自然属性说成是人的共同本性，忽视了人的社会性，混淆了人与动物的本质区别。

道家的人性朴素论。老庄主张清净

无为，反映在人性问题上，认为无知、无欲、无为的原始朴素状态才是人类的善良本性。《老子》说："常德不离，复归于婴儿。常德乃足，复归于朴。"常德，即恒长的德性，是指人的本性而言。婴儿，比喻质朴纯真。王弼注："婴儿不用智而和自然之智。"这里的意思是说，人的天赋本性保持完整充足、不离不散，就是恢复到最质朴的原始阶段。《庄子·骈拇》说："至德之世，同与禽兽居，族与万物并，恶乎知君子小人哉。同乎无知，其德不离；同乎无欲，是谓素朴。素朴而民性得矣。"意思是说，人和禽兽同居的时代是道德最高的时代。在那个时代里，人无知无欲，没有君子小人之分，保持着一种朴素自然的本性。老庄以无知无欲的原始性、自然性为人的本性，既不符合人的自然属性，也不符合人的社会属性，是一种反人性的

理论。

荀子的性恶论。荀子是战国中后期的另一位儒家代表人物。他在人性问题上，与孟子提倡的性善论相对，主张人性本恶。他说："人之性恶，其善者伪也。今人之性，生而有好利焉，顺是，故争夺生而辞让亡焉；生而有疾恶焉，顺是，故残贼生而忠信亡焉；生而有耳目之欲，有好声色焉，顺是，故淫乱生而礼义文理亡焉。然则从人之性，顺人之情，必出于争夺，合于犯分乱理而归于暴。故必将有师法之化，礼义之道，然后出于辞让，合于文

理，而归于治。用此观之，然则人之性恶明矣，其善其伪也。"（《荀子·性恶》）在荀子看来，好利多欲是人生来就有的恶性，而人类所表现的善的道德行为都是经过后天改造的结果，因此荀子强调人性的改造，这是很正确的。但荀子认为恶的道德意识是生而有之的，这不免又陷入了先天的人性论观点。

法家的人性逐利论。法家认为趋利避害是人类的本性。《管子·禁藏》说："夫凡人之情，见利莫能勿就，见害莫能勿避。凡人之情，得所欲则乐，逢所恶则忧，此贵贱之所同有也。"人情即人性，趋利避害，乐以忘忧，是人类共同的本性，无论贵贱，概莫能外。韩非说："人无毛羽，不衣则不犯寒；上不属天，而下不著地，以肠胃为根本，不食则不能活；是以不免于欲利之心。"（《韩非子·解老》）

他认为，人类追求生存的本能是产生欲利之心的根源。为了生存，人总是"安利者就之，危害者去之"（《韩非子·奸劫弑臣》）。在这个基础上，韩非又把趋利避害的人性论进一步解释为人性都是追逐私利的。他说："利之所在，则忘其所恶，皆为孟贲。"（《韩非子·内储说上》）孟贲为古代的勇士，这里比喻人们追逐私利都会像孟贲一样的勇敢。人的本性都是从个人私欲出发的，一旦发现利之所在，都会像孟贲一样猛扑上去。"人性逐利说"是对荀子性恶论的发展和引申，本质上也是一种抽象的人性论。以上种种观点加上孟子的性善论，大体上包括了先秦时期人性学说的主要内容。这些学说，对后世人性学说的发展有着极为深刻的影响。同时这些学科的出现，也标

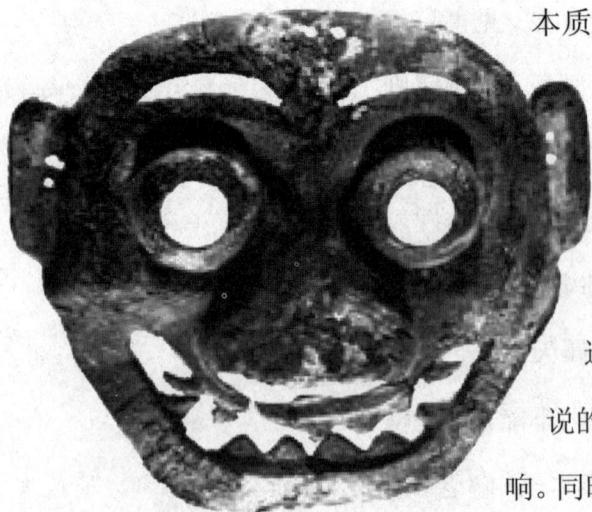

志着早在先秦时代，我国古代先哲就已经开始了对人类自身性质的研究，他们为人类认识自身的发展做出了辉煌的贡献。

面对众说纷纭的人性之争，孟子有着更为独到的见解。孟子第一个明确而系统地提出了人性善论，并对其进行了详细的阐述和论证。理解孟子的人性善论学说对中国现代社会和我们的个人修养都具有重要的现实意义。

孟子认为人性是善的，但不是不可以变更的。这一内容我们可以从孟子与告子的辩论中看出。"告子曰：'性犹湍

水也，决诸东方则东流，决诸西方则西流。人性之无分于善不善也，犹水之无分于东西也。'孟子曰：'水性无分于东西，无分于上下乎？人性之善也，犹水之就下也。人无有不善，水无有不下。今夫水，搏而跃之，可使过颡；激而行之，可使在山。是岂水之性哉？其势则然也。人之可使为不善，其性亦犹是也。'"（《孟子·告子上》）在这里，孟子就指明人性的向善，就好像水性的向下流。人没有不向善的，水没有不向下流的。当然，拍水可以使它跳起来，以致高过额头；挡水可以使它倒流，以致引上高山。人性可使为不善，并不意味着人性之不向善，而只表明外力的作用可以改变人的本性。人的善性体现为四心。孟子的"性善论"认为，人生来就有四种善良的心。这四种善良的心，即：恻隐之心、羞恶之心、辞让之心及是非之心。孟子又称之为"不忍人之心"。孟子曰："人皆有不忍人之心。先王有不忍人之心，斯有不忍人之政矣。以不忍人之心，行不忍人之政，治天下可运之掌上。所以谓人皆有不忍人之心者。今人乍见孺子将入于井，皆有怵惕恻隐之心——非所以内交于孺子之父母也，非所以要誉于乡党朋友也，非恶其声而然也。由是观之，无恻隐之心，非人也；无羞恶之心，非人也；无辞让之心，非人也；无是非之心，非人也。恻隐之心，仁之端也；羞恶之心，义之端也；辞让之心，礼之端也；是非之

心，智之端也。人皆有是四端也，犹其有四体也。"（《孟子·公孙丑上》）四心即仁义礼智这"四端"。孟子在《孟子·告子上》中也有论述。

孟子是以"良心""本心"论性善的，依照孟子的思想，人性是善的，是因为善根源于心，而心是人与生俱来的。因而孟子是以"心"为基础论性善。"心"在孟子这里是指"良心"，即道德之心和善良之心。孟子对这种特定含义的"心"——"良心"的具体论述为："虽存乎人者，岂无仁心哉？其所以放其良心者，亦犹斧斤之木也，旦旦而伐之，可以为美乎？其日夜之所息，平旦之气，其好恶与人相近也者几希，则其旦昼之所为，有梏亡之也。"在一些人身上难道没有仁义之心吗？他之所以丧失善良之心，只是

因为他不善于保持。要指出的是，孟子在这里将仁心同良心联系起来，二者在这里的含义是一致的。孟子只在仁义之心的意义上讲良心，可见良心不仅是善心，而且还有道德之心，不是认知之心。这从另一个角度来说，也可看出孟子和儒家一直以来的道德至上论和反智倾向一致。

"本"是原本的意思，"本心"就是原本固有之心。孟子认为，"本心"人人都有，区别只在君子能存，小人不能存。万钟之禄如果不符合理义，宁死也不受，因为内心告知我不能接受。这个心是原本就存在的，所以叫本心。如果经不住物质条件的诱惑而接受，就是失去

了本心。这样，"心"就有了特定的涵义，成了道德的根据。"心"是孟子性善论思想体系的基础。孟子不仅将心限定在良心和本心的范围内，而且还认为这个心是人人固有的。他说："乃若其情，则可以为善矣，乃所谓善也。若夫为不善，非才之罪也。恻隐之心，人皆有之；羞恶之心，人皆有之；恭敬之心（即辞让之心），人皆有之；是非之心，人皆有之。恻隐之心，仁也；羞恶之心，义也；恭敬之心，礼也；是非之心，智也。仁义礼智，非由外铄我也，我固有之也，弗思耳矣。"从以上孟子的论述中我们可以看出，他认为四心或仁义礼智"四端"是人本来就有的。

（一）恻隐之心——仁

孟子认为，人人都有恻隐之心，都会对他人产生一种怜悯、不忍之心。如果没有恻隐之心，就不算是个人。孟子又说，恻隐之心，即是仁的萌芽。人人都有恻隐之心，表明仁就是做人的起码原则。他说："夫仁，天之尊爵也，人之安宅也。"（《孟子·公孙丑上》）认为仁是天下最尊贵的爵位，是人最安逸的住宅，因此，人心要永远居住在仁里。孟子说："三代之得天下也以仁，其失天下也以不仁。国之所以废兴存亡者亦然。天子不仁，不保四海；诸侯不仁，不保社稷；卿大夫不仁，不保宗庙；士庶人不仁，不保四体。"（《孟子·离娄上》）可见，人只有时时处处"以仁存心"，才能保身、保家、保国、保天下，仁是人的最本质的属性，是性善的最基本内容。

（二）羞恶之心——义

孟子认为，人人都有一种知荣辱的羞恶之心，廉耻心、羞恶心对于人至关重要。他说："耻之于人大矣，为机变之巧者，无所用耻焉。不耻不若人，何若人有？""人不可以无耻，无耻之耻，无耻矣。"（《孟子·尽心上》）就是说，做人不能没有羞耻心，如果一个人不知道什么是羞耻心，那么，他也就无可救药了。羞耻心可以净化道德、杜绝犯罪。那些诡诈、邪僻的人，都是没有羞耻心的人；如果他们有了羞耻心，自然就不会再干那些勾当。同时，羞耻心还可以催人奋进。一个人如果不以不如别人为耻，那么，他永远也不会赶上别人。只有在羞耻心的驱使

下，人们才会奋勇争先自强不息。孟子进一步指出，羞耻之心就是义的萌芽。对于义，他解释说："义，人路也。"（《孟子·告子上》）"义，人之正路也。"（《孟子·离娄上》）表明义是人们为人处世、安身立命所应该遵循的准则。离开了义，人们便无所适从。道德修养高的人，处理事情言必信，行必果，力求做到"惟义所在"。

（三）恭敬之心——礼

孟子强调，为人要有恭敬之心（又称辞让之心），为人处世、待人接物都要"以礼存心""以礼敬人"。孟子处理各种关系，不仅自己以礼待人，而且也渴望别人

以礼待己。大王诸侯召见，不待之以礼，孟子则不去拜访；收徒授学不待之以礼，孟子则不予施教。据《孟子·尽心上》记载，有一次，孟子的学生公都子问孟子说："滕更做您的学生时，对他的提问您不予解答，这是为什么呢？"孟子回答说："在五种情况下发问的，我都不予解答。这五种情况是：依仗权势发问，依仗贤能发问，依仗年纪发问，依仗功劳发问，依仗老交情发问。这五种情况，滕更就占了两种，我当然不予回答了。"孟子认为能否"以礼存心"、以礼待人是君子异于一般人之处。

（四）是非之心——智

孟子断言："夫物之不齐，物之情也；或相倍蓰，或相什百，或相千万。子比而同之，是乱天下也。"（《孟子·滕文公上》）这就是说，事物都是不相同的，事物与事物之间，或相差一倍五倍，或相差十倍百倍，或相差千倍万倍。如果把它们说成是相同的，必然要导致混乱。因此，对于不同的事应作出不同的裁决或权衡。这就是"是非之心"。以天性与命为例，口追求美食，目贪图美色，耳希冀美音，鼻渴望美味，四肢向往安逸，这些都是人的天性。然而，口、目、耳、鼻、四肢的要求是否能得到满足都是天命在主宰，并不以人的主观愿望为转移。因此，有德性的人便不把口之求味，目之求色，耳之求声，鼻之求臭，四肢之求安逸视作天性之必然而一味地去贪求。相反，仁之于父子，义之于君臣，礼之于宾主，智之于贤者，圣人之于大道，虽然能够证明是否属于天命的安排，但是也要自己努力去做到。君子对性与命的这种权衡和

理解，充分说明了人的是非之心。孟子指出，是非之心就是智的萌芽。人人都有是非之心，表明人人都有判断是非、羞恶的本能。例如，对于仁，孟子指出"仁者爱人"，但并非对每个人都一视同仁，而是要求对不同的对象按其亲疏贵贱施以不同的爱。于是，孟子强调"仁者无不爱也，急亲贤之为务"（《孟子·尽心上》），然后再"以其所爱及其所不爱"（《孟子·尽心下》）。仁者爱人的次序是"亲亲而仁民，仁民而爱物"（《孟子·尽心上》）。对于万物是爱之而不仁，对于一般人是仁之而不亲，对于父母和圣贤才会爱、仁且亲。这表明，仁的爱人精神是有亲疏贵贱之别的，能根据不同的对象予以不同对待就是智，反之就是不智。

虽然人人皆具有善端，但是性善的人还不足以构成善人，因为知道并不等同于行为，必须要真地实现了德性、善性，真正践行了德行、善行，才算是真正的善人。人都具有成为善人的先天素质或潜能，因而仁义礼智的四端，还有待于后天的学习，需要靠后天的努力去实现这仁义礼智的道德理想。如何实现善性，如何将良心本心表现出来，如何才能使人弃恶扬善？如何使"四端""扩而充之"以至性善臻于完备？根据孟子所说，保持良心本

心并使之成为完美的道德有以下两个原则。

首先，要存心养气。存心是孟子的重要思想："君子所以异于人者，以其存心也。君子以仁存心，以礼存心。"君子与庶人本是同类，君子之所以高于庶人，只是因为君子善于存心。人人都有"仁义礼智"之心，把它保存好，不要丢失了，就能成为君子；不能保存，丢失了，就成了庶人。孟子想要表达的意思是一个人要成为君子就必须要能保证原本的仁义之心

不丢失。那么反过来讲，一些人之所以成了恶人，只是因为没能保住原来的仁义之心。存心只是基础，接下来孟子提出了养气的具体方法："……我善养吾浩然之气……其为气也，至大至刚以直，养而无害，则塞于天地之间。其为气也，配义与道；无是，馁也。是集义所生者，非义袭而取之也。行有不慊于心，则馁矣……必有事焉，而勿正，心勿忘，勿助长也。"孟子所谓的"浩然之气"，即个人在最高境界中的精神状态，这种气具有宏大、刚

健、正直的特征，如用正确的方法培养它而不伤害它，那它就会使你充满正气；这种气要与正义和道德结合，不然就不会有气势；这种气势是靠平时累积正义感而生成的，而不是偶然一两次的正义行为就能形成的。一方面要坚持不懈地培养这种气，内心要时刻铭记不忘，但又不能违背规律操之过急，否则不会有成效。"集义"既久，最终就能"居天下之广居，立天下之正位，行天下之大道"，从而可"谓大丈夫"。

其次，要先立其大。存心养性做好了，有了浩然之气，良心本心发展了，就有了道德的基础，顺其发展就可以成就道德了。但是除此之外，人还有食色利欲。孟子分别将良心本心和食色利欲成为"大体"和"小体"。良心本心之为大体，是其作用大；而食色利欲之为小体，是其作用小。这正如"体有贵贱，有小大"，身体的组成部分有重要的和不重要

的，有大的和小的。既然有"大体"和"小体"之分，那么就有一个如何处理二者关系的问题。孟子主张以"大体"制约"小体"。"公都子问曰：'钧是人也，或为大人，或为小人，何也？'孟子曰：'从其大体为大人，从其小体为小人。'"可见，"小体"不能决定人的价值，"大体"才能决定人的价值，人只有从其"大体"才能实现其价值。总的说来，从以上可以看出孟子以"心"论性，为性善论找到了逻辑上的根据，人人有"心"，那么自然人人性善，性善论自然成立。

　　以上这两点概括地说，就是要具有从善如流的主观愿望。"舜之居深山之中，与木石居，与鹿豚游，其所以异于深山之野人者几希，及其闻一善言，见一善行，若决江河，沛然莫之能御也。"（《孟子·尽心上》）孟子认为，要想成为尧舜那样充分实现性善的人并不困难，只要愿意"服尧之服，诵尧之言，行尧之行，是尧而已矣"(《孟子·告子下》)。即只要能以尧舜一言一行、一举一动作为行动的准则，努力实践，就能达到"人皆可以为尧舜"(《孟子·告子下》)。有了向善的主观愿望之后，必须通过自我反省的修养方法去寻求自己的善心。孟子说："爱人不亲，反其仁；治人不治，反其智；礼人不答，反其敬；行有不得者皆反求诸己，其身正而天下归之。"(《孟子·离娄上》)仁义礼智观念是人际关系的道德准则，只有在与他人的交往中才能考察自己的道德观念是否达到充实、完美的程度。又因为"仁义礼智根于心"，所以考察的方

法是向自己的内心寻求，反躬自问，检察自己内心的仁义礼智有没有得到扩充，还要继续加强道德修养。

再次，孟子还认为在道德修养过程中，必须注重客观环境的影响。他在与宋国大臣戴不胜交谈时讲了一个楚人学齐语的故事，然后说："子谓薛居州，善士也，使之居于王所。在于王所者，长幼尊卑皆薛居州也，王谁与为不善？在王所者长幼尊卑皆非薛居州也，王谁与为善？一薛居州，独如宋王何？"（《孟子·滕文公下》）薛居州是宋国道德良善之士，把他安排在宋王周围，是为了用良好的道德影响宋王。但孟子认为仅一个薛居州不足以使宋王的道德完善起来，这就如同楚人学齐语，尽管请了齐人为师，但在众多楚人包围之中仍然学不好，必须置身于齐人之间才能学好。因此，进行道德修养必须选择良好的客观环境。孟子又认为，客观环境只能影响人性发展和完善的程度，不能改变人性的本质，不是决定性因素。他说："富岁，子弟多懒；凶岁，子弟多暴。非天之降才尔殊也，其所以陷溺其心者然也。今夫麦，播种而之，其地同，树之时又同，然而生，至于日至之时，皆熟矣。虽有不同，则地有肥硗，雨露之养，人事之不齐也。"（《孟子·告子上》）少年子弟的懒惰与横暴，并非天生本性如此，而是由客观环境造成的。这就如同种麦子，客观环境的好坏只能影响收成好坏，而不会种麦而得豆。因此，要想使人性得到完善与发展，客观环境固然很重要，但关键要依靠人的主观努力。

从孟子"性善论"的内容我们可以

看出,孟子的"性善论"包括生而固有的
"四端",这是说明"性善"具有普遍性。
同时还包括后天的"扩充"才能使"性
善"完备,他看到了后天的外部环境对
人性发展有着重大的影响作用。这种认
识显然有接近唯物主义认识论的倾向,
在当时历史发展的条件下,孟子能看到
这一点是十分可贵的。这是否就可以认
为孟子的"性善论"是唯物主义性质呢?
孟子是在人性先天而善的前提下承认后
天环境对人性的影响的,认为保持善良
的本性主要取决于"求"。他说:"恻隐
之心,仁也;羞恶之心,义也;恭敬之心,
礼也;是非之心,智也。仁义礼智,非由

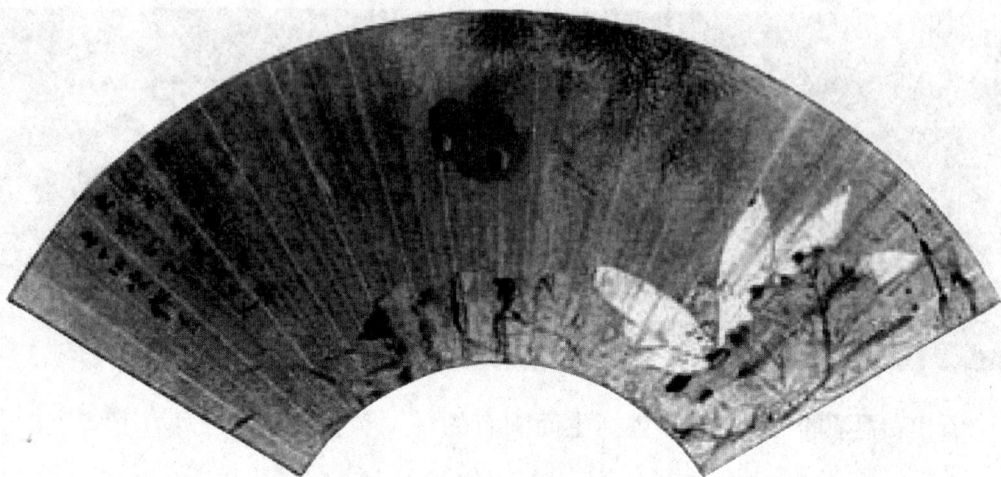

外铄我也，我固有之也，弗思耳矣。故曰：'求则得之，舍则失之。'或相倍蓰而无算者，不能尽其才者也。'"（《孟子·告子上》）这可明白看出："求"乃"思"耳，就是"思"其"在我"的"固有"之物"良心"；"舍"即"弗思耳"，亦即"失其本心""放其良心者"也。表明孟子强调"思""求"对于保持"固有"之"本心"的决定作用，即强调主观意志和主观努力在人性的保持发展中的作用。孟子承认后天环境对人性的影响作用，但更注重的是主观思想意识对人性的决定作用。综上所述，可以对孟子"性善论"的性质做一个简短的结论：孟子虽然承认了后天客观环境对人性的影响，在这一点上具有一定的唯物倾向；但是，他的"性善论"的理论前提是性善先天固有，并强调主观意识在人性发展和保持中的决定作用，这两者都是主观的东西。而判断唯物主义与唯心主义的标准只有一个，就是看意识与物质谁是第一性的，谁决定谁。据此，孟子"性善论"是建立在主观唯心主义的基础上的，具有主观唯心主义的性质。

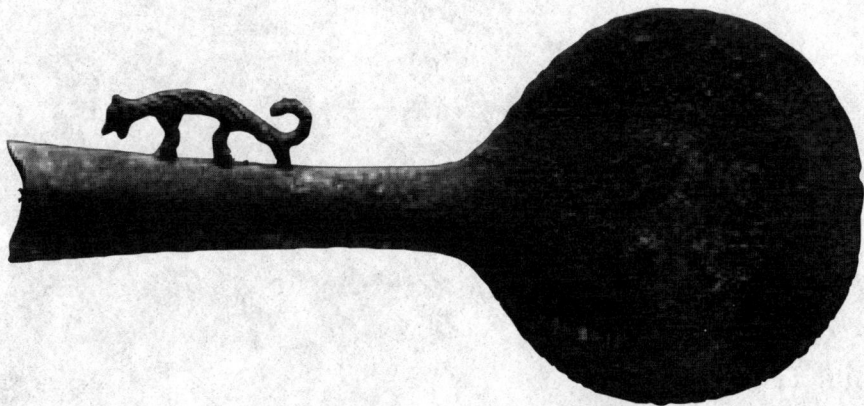

六、追根溯源 发展仁性

　　孟子的性善论，当然是出于时代课题的催促，但从思想史的角度来看，孟子的"性善论"与孔子的"仁"有着内在的思想脉络关系：它既是对孔子"仁"的思想的继承，又是对孔子"仁"的思想的发展。如牟宗三所指出："孟子所讲的是根据孔子的仁来讲性善。"孔子的思想以"仁"为核心，整部《论语》谈到仁的地方很多，《论语》共498章，其中有58章共105次提及"仁",但都是随意而说,看起来没有明确的系统的解释。张岱年认为,"己欲立而立人,己欲达而达人",这"便是孔子所规定之仁之界说","仁的本旨"或"中心意谓"。然而,认为由己及人、由己爱人,只是指出了仁的社会性即人际关系向好的方向发展,达到和谐及其他"善"的方面的特征,只是看到了仁是社会关系方面的自觉,而未曾注意到仁还具有更为重要的一点,即人对自身认知的自觉。杜维明认为这与其说只是一个人际关系的概念,毋宁说它是一个内在精神的原则。这个"仁"不是一个从外面得到的品质,也不是生物的社会的或政治力量的产物。

对此,朱熹的解

释是："盖仁自有而自为之。"仁是人自有
的、能动创造的内在品质。它与作为外在
规范的礼不同，反映了人对自己的初步自
觉。孔子对仁谈了很多，但对性几乎没有
说，只是说"性相近，习相远"。

他的学生亦说："二章，可得而闻也；
夫子之言性与天道，不可得而闻也。"对
于命，也同样如此。孔子罕言命，这说明，
性与天命在孔子那里还没有做自觉的分

疏，性仍在命的笼罩之下而无法多说。孔子已把仁的实质看作是人能动创造的内在品质，但他没有从人之性上予以落实。

与孔子有所不同的是，孟子虽也着力宣扬仁义，并且常常仁义并举，多有比较详细的发挥，明了性与命的分疏。孟子认为命是"求在外者"，性是"求在我者"，仁义并非是外在的命，而是人的内在能动性，认为人的向善和为善都有内在能动的根

据。就此来说，为孟子的性善论中的仁提供了心性的解释和基础，极大地突出了孔子的仁所具有的内在能动性的思想。由此，孟子进一步认为，"尽其心者，知其性也。知其性，则知天矣"，从中我们知道孟子"性善"的确立，既以现实的善为起点，又与孔子所疏远的天（不是外在的天，而是内在的形上之天）重新相沟通，从而是生理情感世界与超验世界的合一。

七、中肯分析　客观评价

　　孟子把人所独有的、先天的、内在的，并且对人的行为具有本源意义的性质称为人性，这个人性在他看来就是善，就是道德。人之所以高于禽兽，是因为善和道德。这种对人性的看法是片面的、机械的。马克思主义承认人性的存在，但它不是与生俱来，而是在后天的实践中形成的；它不是人类思想和行为的最终本源，相反，它是由人们的社会实践决定的。人

的本性不是善，而是社会性，"人是社会关系的总和"。人性是个很复杂的问题，其中肯定包含着道德性，即人类需要一定的道德，能够履行道德的准则，这就是所谓的善。但是人类又能恶，能够否定道德，而且恶也并非都是坏事，它在一定条件下可以成为历史发展的动力。善与恶总是如影相随，相辅相成的，不仅如此，善与恶的具体内容也是不断变化的，不同时代、不同人群之间的善恶观也往往是不同的，甚至可能相反。由于历史和阶级的局限性，处于两千多年前的孟子无法了解这些思想。他提倡人性善，强调道德，目的是论证封建道德的权威性，突出它的重要地位，这正是封建地主阶级的利益在伦理道德领域里的反映。孟子继承和发展了孔子的德治思想，发展为仁政学说，成为其政治思想的核心。他把

"亲亲""长长"的原则运用于政治，以缓和阶级矛盾，维护封建统治阶级的长远利益。孟子在道德伦理方面和政治紧密结合起来，强调道德修养是搞好政治的根本。他说："天下之本在国，国之本在家，家之本在身。"后来《孟子·大学》提出的"修齐治平"就是根据孟子的这种思想发展而来的。

孟子认为，人的善性产生和存在于人的心中。"君子所性，仁义礼智根于心。"（《孟子·尽心上》）过去往往把性和神秘的天命联系在一起，说成是"天命之谓性"。孟子把"心"这个范畴引入伦理学领域，

以为它是人性和道德的"发源地"和"储藏所"，在一定程度上否定了"天命"对人性和道德的支配。这是孟子伦理思想的一个重大贡献。在孟子看来，人性和道德的产生并不神秘。他说："口之于味也，有同耆焉；耳之于声也，有同听焉；目之于色也，有同美焉。至于心独无所同然乎！心之所同然者何也？谓理也，义也。圣人先得我心之所同然耳。故理义之悦我心，犹当豢之悦我口。"（《孟子·告子上》）"心之所同然"就是理义，就是道德，心为什么能够产生理义、产生道德？孟子认为这是"心之官则思"，而理义和道德这些东西是

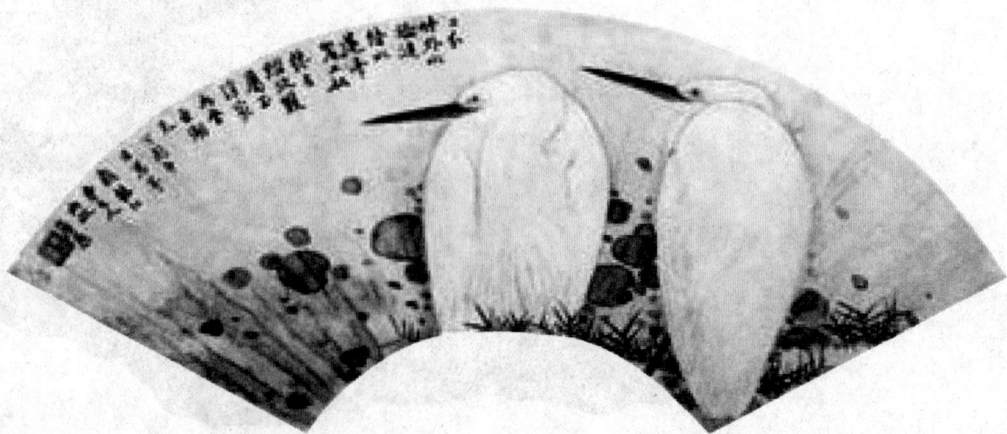

"思则得之，不思不得也"。(《孟子·告子上》) 不仅如此，孟子还把"心"里所思的东西 (亦即仁义礼智) 也称为心，如恻隐之心、辞让之心、是非之心等等。孟子以为把心说成是思维器官是不科学的，但是他认识到道德观念和原则与人的心理活动有关，这一点无疑是极有价值的。他举过一个例子："盖上世尝有不葬其亲者，其亲死，则举而委之于壑。他日过之，狐狸食之，蝇蚋姑嘬之，其颡有泚，睨而不视。夫泚也，非为人泚，中心达于面目。盖归反虆梩而掩之，掩之诚是也。则孝子仁人之掩其亲，亦必有道矣。"(《孟子·滕文公上》) 这就是说，孝子仁人合乎道德的活动，与天命无关，都是由"心"自然而然地产生的。我们知道，道德现象与一般的物理现象、生物现象不同，它虽有客观性的一面，但还有主观性的一面，它要通过人来实现，人们的认

识、情绪、情感、意志等等都和道德紧密
相连。因此，除去研究社会实践对道德的
决定作用外，研究心理活动与道德的关
系也是非常必要的，在这一点上，孟子又
给了我们有益的启发。此外，孟子还看到
感官与思维器官、感性与理性的不同，而
且试图用这种哲学和自然科学上的成就
去解释道德观念、道德原则的产生。他认
识到耳目感官的局限性，指出道德观念、
道德原则不能建立在它们的作用之上，
而必须用思维器官、用"心"来认识和把
握。他强调养心，主张充分发挥心的能动

作用，认为道德的培养只能"困于心，衡于虑，而后得"。如果"不专心致志，则不得也"。强调主观能动性对道德的作用，这是孟子伦理学说中的又一个合理因素。

需要强调的是，把心当成性和道德的本源，这个理论有其致命的缺陷。其一，是把心和耳目感官绝对对立起来，在强调心的作用时，完全否定了感官的作用。孟子说："耳目之官不思，而蔽于物。物交物，则引之而已矣。"（《孟子·告子上》）他不知道、感官与思维器官、感性和理性不是绝对对立的，在一定条件下它们互相依存、相互转化。理性认识来源于感性认识，感性认识有待于上升到理性认识。而作为思维器官的"心"（其实是大脑），不过是个加工厂。孟子轻视感官和感觉，反映了他作为地主阶级知识分子的局限性和偏见。其二，也是最主要的，孟子把心看成是先天固有的、自满自

足的。认为人们的仁义礼智之心，"非由外砾我也，我固有之也"。完全否定了社会关系和社会实践对道德的决定性作用。事实上，没有一定的社会关系和社会实践就不会产生一定的道德观念和道德原则。这种"仁义礼智根于心"的观点完全是违背科学事实的主观唯心主义的道德观。

依照孟子的伦理观，人性是善的，性善根源于心，心是人先天俱来的，那么这种性善的具体内容是什么？换句话说，孟子以为评价道德的标准是什么呢？这个标准就是他自己提出的主要道德规范，即"仁义礼智"。"仁"是孔子伦理思想的核心，孟子也非常重视它。在孟子的思想中，"仁"已经没有克己复礼的含义，而是肯定了它的"爱人"的一面。他说："仁也者，人也。"（《孟子·尽心下》）强调了恻隐之心是仁的道德。他举例说，乍见小孩子的人会"有恻隐之心"，这种思想感情，"非所以内交于孺子之父母也，非所以要誉于乡党朋友也，非恶其声而然也"。（《孟子·公孙丑上》）是自足的、绝对的。但是他又很快地泄露了他的世俗目的："爱人者，人恒爱之；敬人者，人恒敬之。""杀人之父，人亦杀其父；杀人之兄，人亦杀其兄，然则非自杀之也？一闻耳。"（《孟子·尽心下》）可见，"仁"和"爱人"不过是为了保存和发展自己的阶级利益的更聪明的手段。真正的"仁"、"人类之爱"在阶级社会里是不可能实行的。

"义"，孟子认为它是"人之正路也"，也就是道德的具体原则和规范。他认为最重要的就是尊重私有制度和宗法等级制度。所谓"非其有而取之，非义也"，"义

之实，从兄是也"，"未有义而遗其君者
也"。(《孟子·告子上》)孟子在批评陈
仲子时说过，不贪利只是小义，"人莫大
焉亡亲戚君臣上下"。认为最重要的义是
维护"亲戚君臣上下"，即遵守封建社会
的道德秩序和社会秩序。"礼"，也就是
辞让之心，这是孟子提出的评价道德的
第三条标准，它是对"仁义"的补充和修
饰。用孟子的话说就是"节文斯二者"，
目的是给封建道德披上一层温情脉脉、

文质彬彬的外衣。"智",即智慧,这个被古希腊誉为"四德"之首的道德规范,被孟子列为"四德"之末,又称为"是非之心"。在他眼里,智是消极地顺应社会和自然,而不是积极地利用和改造社会和自然。最根本的"智"是能够懂得封建道德,明白仁义。孟子有一段话明确指出他的"四德"的本质:"仁之实,事亲是也;义之实,从兄是也;智之实,知斯二者弗去是也;礼之实,节文斯二者是也;乐之实,乐斯二者,乐则生矣"。(《孟子·离娄上》)这就是说,以"仁""义"为核心的"四德",实质上是事亲和从兄,即维护封建主义的宗法制度和等级制度,巩固封建主义的道德秩序和社会秩序。与"四德"配合的还有"五伦",即君臣、父子、夫妇、长幼、朋友,孟子以为这是人的最基本的关系。认为仁主要是处理父子的原则,义主要是处理君臣的原则,礼是处理夫妇宾客的原则,这样,五伦又使四德得到进一步的具体化和确定。在五伦中，真正平等的关系只有朋友一伦。他主张结交朋友应该"不挟长、不挟贵、不挟兄弟朋友。友也者，友其德也"。(《孟子·万章下》)

值得一提的是，在对待君臣关系这一点上，孟子对封建宗法制度和等级制度作了最大的修正。孟子认为，君主的世袭制度不是不可改变的，"无与贤，则与贤；无与子，则与子"。(《孟子·万章上》)他主张君臣关系应该是一种相对的、互相尊重的关系："君之视臣如手足，则臣之视君如腹心。君心视臣如犬马，则臣视君如国人。君之视臣如土芥，则臣之视君如寇雠。"(《孟子·离娄下》)甚至臣可以杀掉昏君，像武王伐纣，汤伐桀那样，这都符合"义"的原则。这种见解在封建社会里可算是骇世惊俗。难能可贵的是孟子所提的"五伦"，看起来是

五种血缘关系为核心而形成的人与人之间的自然关系，其实，都是社会关系；在阶级社会里，早已被打上阶级的烙印。孟子自然认识不到这些，只能从表面上去进行概括。这些道德规范都是由当时的社会经济关系所决定并为社会所公认的。它们对巩固当时的社会关系，促进社会发展有着一定的进步意义。

从性善论出发，孟子建立了自己的义利观。孟子是一位既承认物质利益又重视道义的思想家。他曾朦胧地感觉到

社会道德对物质利益的依赖关系，因而赞成发展社会公利，如"制民之产""勿夺其时"，减轻赋税、发展生产等等。在个人利益上他也采取了相当现实和合乎情理的态度，例如对于"好货""好色""好乐"，他认为这都是人之所欲，不能算是什么缺点，只要推己及人，满足了大家的这种愿望的就是明君圣主。但由于他没有掌握物质利益的科学概念，而把"损公利私"之"利"与物质利益混淆了，因此，他经常将"义"与"利"对立起来，强调"义"而又否定了"义"，甚至说："鸡鸣而起，孳孳为善者，舜之徒也。鸡鸣而起，孳孳为利者，跖之徒也。欲知舜与跖之分，无他，利与善之间也。"（《孟子·尽心上》）这样一来，人的"义"似乎完全是由本性而生，与物质利益丝毫无关了，这就陷入了唯心主义。但是，孟子强调"义"的重要性，也有着合理的因素：第一，它肯定了人的精神生活和道德情

操的重要性。人与动物的一
个显著不同就是人有精
神生活，精神生活依
赖于人的物质生活，但
是它又有相对的独立
性。孟子说："饱乎仁
义也，所以不愿人之膏
粱之味也；令闻广誉施于
身，所以不愿人之文秀也。"

（《孟子·告子上》）在精神生活中，道德
观念和道德情操又是其中主要的部分。
第二，它重视人格尊严和道德价值。在孟
子看来，判断一个人的人格高下和价值
高低，不在于财富与地位，而是看其道德
状况。他指出："仁者荣，不仁者辱。"这
在把人格商品化了的社会中，无疑是有进
步意义的。孟子认为，维护人格尊严比生
命更重要，"一箪食，一豆羹，得之则生，
弗得则死，呼尔而与之，行道之人弗受。
蹴尔而与之，乞人不屑也"。（《孟子·告

子下》)这正是他藐视权贵,主张人格平等的思想。第三,它鼓励人们坚持道义原则,为道德理想而奋斗。在财富和生死面前,首要的是坚持道义。"鱼,我所欲也,熊掌亦我所欲也,二者不可得兼,舍鱼而取熊掌者也。生亦我所欲也,义亦我所欲也,二者不可得兼,舍生而取义者也。"(《孟子·告子上》)这种精神,正是我们中华民族重视道义传统的最好表现。

孟子的义利观在我国历史上产生了重大影响。它的重"义"方面,对我国人民尊重道义、崇尚气节、克制自我、照顾大局等优秀品质的形成和发展起了推动作用,给中华民族的生存和发展以有益的影响。而其轻"利"方面,经过汉儒宋儒的夸大使之绝对化,把许多人,特别是知识分子引入脱离实际、退缨保守、不思进取、无所作为的境地,起了消极作用。这是应该

一分为二地看待和评价的。从孟子的人性论中，引申出一个光辉的命题——"圣人与我同类"。

孟子对"类"的概念的把握，虽没有达到墨家那样高的水平，但他对"人"这个"类"的归纳，的确反映了新的社会经济关系——封建主义经济关系的要求。

同类必相似,这是孟子的类概念中的一个重要内容。他说:"凡同类者,举相相似,何独至于人而疑之?圣人与我同类。"(《孟子·告子上》)圣凡之别在于"圣人先得我心之所同然耳",这正如名厨师易牙得味于天下之先,名乐师师旷得音律于天下之先一样,没有什么神秘。人们之间的差异,圣凡之间、善恶之间,不是由于先天的不同,而是由于后天环境的差异、个人努力的程度不一所造成。从"圣人与我同类"这一理论出发,孟子蔑视权贵,最重视人的气节,认为知识分子和有道德的人,不能卖身投靠权贵,而应努力做到"富贵不能淫,贫贱不能移,威武不能屈"。从这里出发,他还主张"人皆可以为尧舜",鼓励人们不断地加强道德上的修养,努力达到一个更高的道德境界。马克思在批判费尔巴哈的人性论时指出:"他只能把人的本质理解为'类',理解为一种内在的、无声的,把许多人纯

粹自然地联系起来的共同性。"孟子也
是这样做的。但是在费尔巴哈身上是落
后的,在孟子身上却是进步的、值得称
赞的。这是因为时代有差别,它们所起
的作用不同。费尔巴哈处于资本主义
时代,无产阶级已经登上政治舞
台。这时,把人的本质理解为一个
"类",就掩盖了人的阶级性,用虚
幻的平等思想欺骗了人民群众,起
到了保护反动的剥削制度的作
用。而在奴隶制刚刚崩溃,地主
阶级正在蓬勃发展的封建社会初期,
把人的本质理解为一个"类",尽管提
供的仍然是抽象的、虚幻的平等,但对
新兴地主阶级和广大下层人民却是一个
鼓舞,它打击了奴隶主贵族那种"天有十
日,人有十等"的等级观念,否定了"唯
上智与下愚不移"的陈腐观点,它符合时
代要求,促进了社会的发展。正如列宁所
指出的一样:"在反对旧专制制度的斗争

中……平等思想是最革命的思想。"

毋庸讳言，性善论与马克思主义以前的一切人性论一样，是离开人的实际活动来考察人性，无不具有片面性和绝对化。性善论除了先天的道德观和将封建伦理抽象为永恒人性等形而上学、唯心主义谬误外，更值得注意的是，在它理性主义的人性论中潜伏着将封建伦理教条夸大、绝对化为至高无上的权威的倾向，从而在一定历史条件下，人类的道德规范会演变成为压迫和奴役人的绝对理性和外在权威，形成一种特殊的人的异化，这些都是孟子性善论的不足和消极因素。但是，就孟子性善论所包涵的内容和意义而言，也有强调人的本质和价值，重视理想人性和人的理性等积极因素。既是人的自我意识的觉醒和自我本质的探索，又是对人性的赞美和对人的热爱，是阶级性和人类性、欺骗性和理想性的矛盾统一。

八、继承儒学　发展文化

孟子以亲情论性善、以同然论性善、以不忍论性善,就是要人们相信自己有良心本心;他区分小体大体,人爵天爵,鱼和熊掌,就是要人们以仁为价值选择目的,努力向善,奋进不已。有了孟子的性善论,人类才不至于沦为禽兽,实现仁义道德才成为可能。

性善论开创的心学在社会上发挥了重要作用。所谓心学,所谓性善,其根基

在于社会生活和理性思维在人内心结晶
而成的"伦理心境"。由于社会生活和理
性思维在内心有所结晶，所以受过教育
的儿童特别是思维健全的成人内心已不
是一张白纸，而是纸上有"字"；由于社
会生活中本来就有向善求好的内容，所
以人人都有良心本心。"伦理心境"是打
开性善迷宫的钥匙。因为"伦理心境"是
"先在的"，一个人只要遇事时能够求得

并听从"伦理心境"的要求，一般并不需
要临时考证典籍，便可完成善行、成就道
德，这就决定了心学在方法上的最大特
点是简约易行。人人都有良心本心，这是
自家求善去恶的资本，不仅通达诗书的
文化人可以做到，就是乡间僻壤的劳动者
亦能为之。这正是心学简约易行特点的
生动体现。简约易行并不是随随便便、悠
闲舒适。作为社会习俗和理性思维内化
而成的"伦理心境"，是一
种通体为善的结晶物。
欲性仁性不相违背还
好，一旦发生矛盾，本
心本体就会发布命
令，要求舍弃本性的
欲望，听从本心的安
排，由于本心本体有丰
富的情感因子，所以它
发布命令鞭辟有力。如果只
图利欲，不听本心的指挥，

虽然可以在利欲方面得到满足，却会引起内心的不安。如果不为利欲所累，反身而诚，虽然在利欲上可能会受到些损失，却会带来内心的愉悦，使自己成为高尚的人、有道德的人。

由于性善论开创的心学有这些特点，所以性善论对中华民族文化心理的

形成，发挥了重要作用。
经过性善论的阐发，人人
都知道自己有良心，否则
便是禽兽，遇事良心发现，
标准清楚明白。这个标准，
这个命令，随着时代的发
展，具体内容可能会有所
不同，但核心却一样，只是
一个"善"，只是一个"上"。一旦依此而
行，不打折扣，自然好善厌恶，积极向上。
两千多年前的孟子就体悟并牢牢把握住
了自己的良心本心，以此创立性善论，这
般大智慧、大气度、大风范，直至今天仍
然令人拍案叫绝、惊叹不已。

　　性善论对中国文化产生的负面影响，
简单说来，就是形成了容易保守的社会
心理。如上所说，孟子创立性善论，主要
是以良心本心论善性，而良心本心从来源
上讲，是社会习俗和理性思维内化的结晶
物，也就是上文所说的"伦理心境"。我

们说性善容易保守，主要指"伦理心境"或者良心本心容易保守。"伦理心境"容易保守来自两个方面：一是社会习俗容易保守。社会习俗是在社会发展过程中逐渐形成的，社会习俗的发展与社会本身的发展，总的来说是一致的。不过社会习俗一旦形成，就具有一定的稳定性，表现为某种惰性力量，其发展变化一般要落后于社会经济、政治制度的发展变化。

"伦理心境"的主要来源之一，就是社会习俗，即使"伦理心境"和社会习俗的发展是同步的，由于社会习俗本身的这个特点，"伦理心境"一般也跟不上社会本身发展的步伐。二是"伦理心境"本身容易保守。上面讲"即使'伦理心境'和社会习俗的发展是同步的"，只是一种假设。因为"伦理心境"是心理的境况境界，一经形成，也具有一定的稳定性，表现为某

种惰性力量，其变化发展一般又要落后于社会习俗的变化发展。这就是说，"伦理心境"不仅要落后于社会本身的变化，而且要落后于社会习俗的变化。总之，一个是社会习俗容易趋于保守，一个是心理境况境界容易趋于保守，两方面结合起来铸成这样一个不幸的事实："伦理心境"从它产生的第一天起，本身就包含了容易趋于保守的种子。"伦理心境"是历史的产物，历史的过程。当它和社会发展基本一致时，其社会作用是进步的，作为道德根据也是可行的。但是"伦理心境"很容易落在社会发展后面，这时再一味以它作为道德的根据，就行不通了，容易陷于保守。这种趋于保守的特点在孔子那里已经有所表现了。孔子对宰我"三年之丧"发问的批评是众所周知的，其本义是批评宰我不仁，但如果换一个角度，也可以看出孔子在这件事情上的保守性。宰我嫌行丧三年太长了，建议改为一年。孔子没有同意，提了两条理由：第一，"三年之丧，天下之通丧"；第二，"子生

三年，然后免于父母之怀"。(《论语》)

头一条是讲传统上都是这样做的，社会习俗如此，所以我们应该如此。后一条是说心理情感如此，所以我们应该如此。如果社会习俗跟得上社会的发展，遵从社会习俗，服从心理情感是没有什么不对。但如果社会习俗已经大大落后，再坚持这样做就不对了。从这一章本身来看，宰我就三年之丧提问，说明当时实行三年之丧已有困难，而他提出的理由之一"君子三年不为礼，礼必坏；三年不为乐，乐必崩"并非毫无道理。孔子并不是具体分析三年之丧是否合理，实际可行性如何，而是凭着上述两条理由一味坚持，并责备宰我不仁，这里的保守色彩已经很浓厚了。在这方面，孟子也不例外。滕定公死了，太子让然友请教孟子如何料理丧事，孟子主张行三年之丧，理由是"三年之丧，齐疏之服，饘粥之食，自天子达于庶人，三代共之"。（《孟子》）三年之丧，孔子之时实行已很困难，到孟子时当然就更为困难。滕国父老官吏以"吾宗国鲁先君莫之行，吾先君亦莫之行也，至于子之身而反之，不可"（《孟子》）为由，加以反对。孟子仍坚持己见，大讲了一番"君子之德，风也；小人之德，草也。草尚之风，必偃"的道理。最后，太子按孟子的意见办理，"五月居庐，未有命戒。百官族人，可谓曰知。及至葬，四方来观之，颜色之戚，哭泣之丧，吊者大悦"。（《孟子》）事情的结果按《孟子》的记载，当然是很风光的，不过实际情况恐怕要打上几分折扣。当然这些都不得而知，但从中也可以看出隐藏在孟子思想深处保守的一面。性善论"伦理心境"容易趋于保守的特点对后世有严重影响。唐代

之前，儒家思想
还没有真正占据主导地位。秦朝重视
法家，汉初崇尚黄老，武帝独尊儒
术，而实际是儒法并用，魏晋玄风
尤彰，真正开始重视儒学当从唐代开始。
但思想的影响往往需要一个过程，虽然
唐代极力倡导周礼之教，但总的来说，唐
之前（包括唐）还比较开放革新、大度豪
爽。但从宋代到清代，儒家真正占领了主
导地位，原先即隐含的负面因素，逐渐凸
显出来。由于缺乏独立的人格和智性的

参与，一切以"伦理心境"、以良心本心为标准，结果必然表现为强烈的保守性。这种保守性实际上遵从两个东西，一是"陈规"，一是"唾沫"。"陈规"就是一切以先前的规章制度和传统做法为依据，凡合于陈规的，就是正确的；凡不合于陈规的，就是错误的。除此之外，不敢有任何革新，不敢越雷池半步，否则就是大逆不道。"唾沫"就是一切以周围舆论为是非标准。办一件事不是先考虑它本身正不正确，应不应该，而是先想到周围人会怎么说。邻人多保守，自己也不敢出头。两千多年来，中国没有独立完整的人格，个人只能在群体中存在，这个群体之网实在太紧密了，大众的唾沫实在是太可怕了。鲁迅回忆卢梭、斯缔纳尔、尼采、托尔斯泰等"轨道破坏者"时深有感慨地写道："其实他们

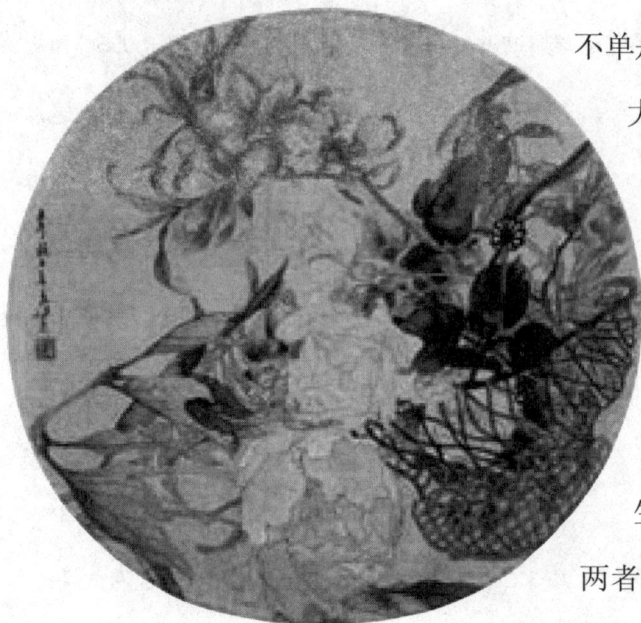

不单是破坏，而且是扫除，是大呼猛进，将碍脚的旧轨道不论整条或碎片，一扫而空，……中国很少有这一类人，即使有之，也会被大众的唾沫淹死。"陈规产生唾沫，唾沫维护陈规，两者联合起来，就可能将新事物扼杀在摇篮之中。

这些都说明，"伦理心境"，良心本心有容易陷于保守性的缺点。心学家往往不懂这个道理，认为良心本心就是天理，天理就不能变更，一切以良心本心为依据，结果只能走向事物的反面。近代以来，人们批评儒学，其中有两条是切中要害的。一条是"以理杀人"。理不光是外在的，也是内在的。当内心的理大大落后于社会发展时，仍然以它为是非的标准，就可能产生以理杀人的恶果。寡妇再嫁、为妇无子，仅仅以内心之理来评判，不知能使多少人丧失身家性命。再一条是"保守落后"。社会不断向前发展，应当以思想革新作先导，但是心中之"理"太沉重了，就会宁可求稳，不肯冒险；宁可守旧，不肯变革。前些年不少人研究中国社会形态的超稳定结构，找了地理环境、社会心态等多方面的原因，但还缺乏对社会心态作深入的分析。事实上，"伦理心境"、良心本心的滞后性，才是社会心态保守的真正根源。

要克服伦理心境的保守，必须有智性的参与。智性是一种认知活动，表现为对外部事物（包括道德事物）规律、真理的认识，其思维特点是逻辑推理、概念判断，而主要不是直觉。这种智性在孔子的学诗、学礼中已见端倪，并在荀子思想体系

中得到充分发展，表现为一个完整的认知体系。认知之心并不绝对排斥良知之心（良心本心），结合得好，可以各司其职，分工有序。当社会生活平稳发展，伦理心境与其没有大的冲突的时候，良心本心出场，只要听它的话，就是善，就是好；如果社会有了很大发展，伦理心境已大大落后于社会本身，再一味听从良心本心的指挥，必然陷于保守。这时需要认知之心挂帅，凡事不盲从，不迷信，问个为什么，运用逻辑分析、概念推理等从而得出一个正确结论。认知之心得出的这个结论，可能与良心本心正相符合，这样就为良心本心找到了理论根据，增强了良心本心的理论色彩；也可能与良心本心不相符合，但它代表革新，代表新生，代表前进的方向，从历史角度看，只有按这个结论做，才是正确的，有意义的。

但同样不幸的是，儒家认知之心始终没有发展。虽然孔子立论平实全面，既讲仁性，又讲智性，但智性那一层在孔子那里却是一个弱项。孔子的智性只是外向性的学诗学礼，也就是说，要成为道德之人，圣贤之人，必须懂得诗懂得礼。但孔子的诗礼之学范围比较狭窄，内容比较

陈旧，层面比较低，而且他主张学习的周礼已经跟不上当时社会发展的需要。在孔子那里，知性还没有成为一种完整的思维形式，特别是周礼的陈腐性质，更加决定了孔子的知性不可能补救仁性的不足。另外，孟子虽然创造性地发展了孔子的仁学，但也不自觉舍弃了知性的一面。

由于孟子力量强盛、气势宏伟、巨峰突起，使思想发展史的长河终于偏向了心学。宋明之后，大多数儒家学者将孔孟并称，以为孟子之学就是孔子之学，学习孟子就是学习孔子。这样愈积愈久，愈久愈积，形成了巨大的历史惯性。朱子虽然奋起反抗，有可能弥补儒学知性的不足，并建立起了完整的智性系统，但由于种种原因，知性的认识之心始终没能充分发展起来，这是儒家心性之学发展史的最大遗憾之处。